🥨 글 김경오

제과제빵 경력 30년 차에 접어든 김경오 대한민국 제과기능장은 군장대학교 호텔조리학과 혜전대학교 제과제빵과를 졸업하고, 일본 동경제과학교 및 프랑스 요리·제과제빵·와인 전문학교인 르 코르동 블루(Le Cordon Bleu)에서 제과제빵 연수 과정을 마쳤습니다. 현재 베이커리 전문점 따순기미, KKO pati(김경오 파티쓰리)를 운영 중이며, 먼 곳에서도 그의 빵을 맛보러 오는 손님들에게 엄마의 마음으로 만든 건강한 빵을 선사하기 위해 눈코 뜰 새 없이 바쁘지만 행복한 나날을 보내고 있습니다. 쓴 책으로는 『한 손, 한 끼』, 『건강한 빵 레시피북』이 있습니다.

🍩 그림 강영지

대학원에서 시각 디자인을 공부하고, 지금은 일러스트레이터로 활동하고 있습니다. 새로운 것을 공부해서 그림으로 표현하는 것을 좋아합니다. 그린 책으로는 『단골손님 관찰기』, 『나도 박지원처럼 기행 일기 쓸래요!』, 『한양 1770년』, 『음식, 잘 먹는 법』, 『생색요리』, 『책장 속 티타임』, 『걱정이다 걱정』, 『알아 간다는 것』, 『가을캠핑 강원』, 『이 물고기의 이름은 무엇인고?』 등이 있습니다.

빵이 더 맛있어지는
뺑뺑 투어

글 김경오 그림 강영지

웅진주니어

등장인물 소개

★ 브레드

브레드 여행사의 사장.
부모님께서 지어 준 이름 때문인지 빵(Bread)을
너무 사랑해서 브레드 여행사를 차렸다.
하지만 투어를 하다가도 빵만 발견하면
먹는 데 정신이 팔린다.

★ 브라운

빵만 보면 정신이 팔려 투어는 뒷전인
브레드 사장을 대신해 브레드 여행사를
책임지는 직원.
보조 가이드이지만 센스 넘치는 말솜씨로
손님들의 빵 투어를 책임진다.
브레드 사장 못지않게 빵을 좋아한다.

★ 치즈

브레드 여행사의 귀염둥이 반려견.
손님들의 사랑을 독차지한다.

브레드 여행사는 빵에 진심인 브레드 사장이 만든 여행사예요.
슈가섬에 가면 만나볼 수 있답니다.

브레드 사장은 1km 이상 멀리 떨어진 곳에서도 냄새를 감지할 수 있는 후각을 가졌어요. 투어를 이끌다가도 노릇노릇한 빵 냄새를 맡으면 갑자기 사라진답니다. 아무리 멀리 있어도 볼 수 있는 2.0의 시력으로 빵과 비슷한 모양을 발견하면 갑자기 사라져 손님들을 당황하게 만들죠.

그럼 투어는 어떻게 하냐고요? 걱정 마세요!
브레드 여행사에는 듬직한 직원 브라운이 있거든요. 오늘은 브라운이 야심 차게 준비한 '스페셜 빵 투어'를 선보이는 첫날이에요.

"브라운, 오늘 스페셜 빵 투어에는 몇 명이 참여하죠?"
"사실, 그게 아직 아무도 신청을 안 했어요!"

그때 전화벨이 울렸어요.

"브레드 여행사입니다. 무엇을 도와 드릴까요?"
"안녕하세요, 공원에 있는 전단지 보고 연락했어요!
혹시 오늘 출발 예정인 스페셜 빵 투어에 참여할 수 있을까요?"
"당연하죠. 언제든 환영입니다. 오전 10시에 브레드 여행사 앞에서 만나요!"

휴! 아무도 신청을 안 해서 내심 걱정이었던 브라운 직원은 그제야 한숨을 놓았어요. 정성껏 준비한 '스페셜 빵 투어'를 선보일 수 있을 뿐 아니라, 맛있는 빵을 같이 먹을 수 있게 되었으니까요.

오전 10시, 10시 10분…. 약속한 시간이 지나도 손님은 오지 않았어요.
장난 전화였을까요? 브라운이 시무룩해 하고 있는데,
치즈가 왈왈 짖기 시작했어요!

뺑뺑 스페셜 빵 투어

1일 차 브레드 파크 역사관
1 위대한 탄생
2 빵 가계도
3 은밀하지만 위대한 반죽에 일어나는 일
4 빻고, 자르고, 두드리고!
5 발효&오븐 작업장

2일 차 뺑뺑 캐슬
1 우연과 필연의 빵
2 넘버 원 빵 축제의 빵
3 스페셜한 하루를 위한 빵

3일 차 빵스토리움
1 빵 도서관
2 빵 미술관
3 빵 역사관

4일 차 빵빵 잇스프레소
1 내 이름을 불러 줘!
2 이건 꼭 맛봐야 해!

5일 차 따끈 베이커리
1 따끈 베이커리 제과 제빵사의 하루
2 반죽 작업장
3 빵빵 연구소
4 따끈 베이커리에 오세요!

1일 차
브레드 파크 역사관

식빵 버스를 타고 '브레드 파크'에 도착했어요. 맨 먼저 방문할 장소는 '브레드 파크 역사관'이에요. 우리는 빵을 언제부터 먹었을까요? 빵의 탄생부터 다양한 종류까지, 빵에 대한 모든 것을 알아볼게요.

빵력 충전 미션!
빵의 가족들을 조사하라!

빵에 대해서라면 모르는 건 없지요!

브라운, 혹시 모든 빵을 먹어서 다 아는 것 아니에요?

우아, 빨리 보러 가요!

1. 위대한 탄생
밀가루, 빵이 되다

밀가루를 만들었어! (B.C 15,000~10,000)
최초로 밀 농사를 지었던 사람은 그리스와 이집트 사이에 있는 고대 레반트 지역 사람들이라고 전해 와. 이들은 정착 생활을 하며 밀알을 돌로 문지르거나, 절구를 사용해 가루로 만들었다고 해. 역사 속에 밀가루가 처음 등장한 순간이야.

최초의 빵 (B.C 7,000)
최초의 빵은 기원전 7,000년경, 석기 시대 때 먹을 것이 없던 사람들이 불로 달군 돌 위에 밀 반죽을 올려 익혀 먹었다고 해. 하지만 이때의 빵은 납작하고 딱딱해서 오늘날 우리가 먹는 빵과는 달랐지.

이스트 발견! (오늘날)
고대에 빵을 굽고 남은 반죽을 그대로 두었는데, 시간이 지난 후 크게 부풀어 올랐다고 해. 공기 중의 효모균에 의해 자연적으로 발효가 된 거지. 효모는 이스트야. 이스트는 밀가루에 섞으면 발효를 일으켜. 이때 이산화 탄소가 만들어져 반죽이 부풀고 공기 구멍을 만들어 빵을 폭신폭신하게 해. **이스트가 없다면 우린 납작한 빵을 먹고 있을걸.**

오늘날의 빵

밀가루도 종류가 있어!

빵의 주원료는 밀가루야. 밀가루에는 '글루텐'이라는 단백질 혼합물이 들어 있지. 밀가루에 물을 넣고 반죽하면 쫀득하게 뭉치는 이유는 바로 글루텐 입자가 물과 그물망처럼 서로 결합하기 때문이야.

밀가루는 글루텐의 양에 따라 세 가지 종류로 나눌 수 있어!

강력분

글루텐 13%↑

강한 점성과 쫄깃쫄깃한 탄성! 빵을 만들 때 사용해.

중간 정도 점성과 탄성!
소면, 칼국수 등 면 요리에 사용해.

중력분
글루텐
10~13%

부드럽고 바삭한 식감!
케이크, 쿠키 등을 만들 때 사용해.

박력분
글루텐
10%↓

😊 빵이 기분을 좋게 한다고?

빵의 주 영양소인 탄수화물을 먹으면 행복한 감정을 느끼게 하는 호르몬인 세로토닌이 나와. 그래서 탄수화물은 <u>스트레스를 해소</u>해 주고, **우울한 마음을 위로**해 준다고 해. 그러니 **빵을 먹고 기분이 좋아지는 건 어쩌면 당연한 사실!**

독일에는 느지막한 오후에 빵을 먹으며 잠시 휴식을 취하는 시간인 '카페 운트 쿠헨'이 있어. 독일어로 '간식 시간, 티타임'이라는 뜻이야. 영국에서도 오후에 차를 마시는 시간이 있는데, 이때 간단한 빵과 과자를 차에 곁들여 먹어. 이런 시간을 통해 휴식을 취하고 에너지를 보충하는 거야. 이렇듯 빵은 일상생활 속에서 우리에게 행복을 가져다주는 음식이지.

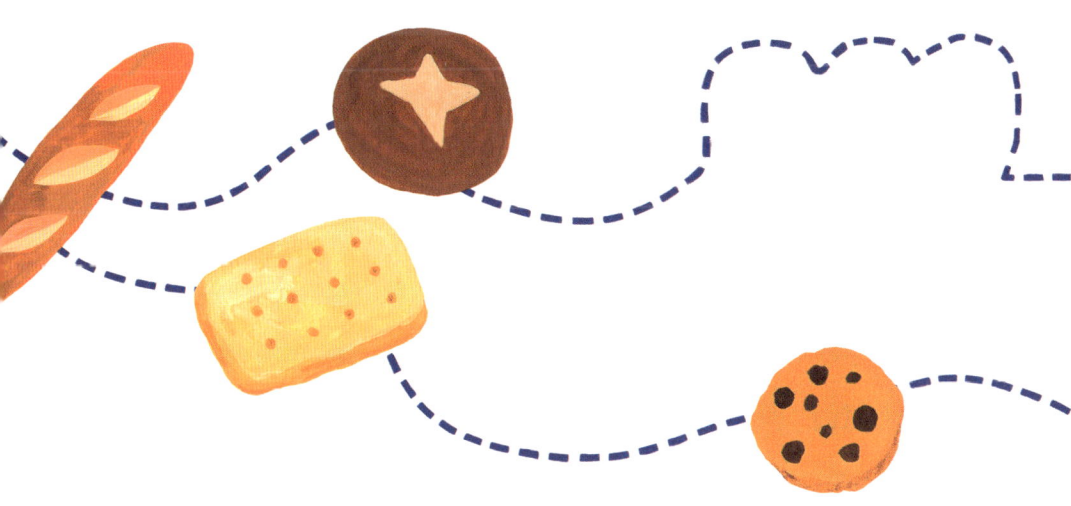

2. 빵 가계도

우리는 발효 빵 가족이야. 밀가루, 달걀, 설탕, 이스트 등을 넣고 발효한 반죽으로 만든 빵이지. 각종 식빵류와 통밀빵처럼 쫄깃한 식감을 가진 빵이 있어. 우리를 다른 말로 효모 빵이라고 부르기도 해.

재료, 발효 여부에 따라 나눌 수 있는 빵

밀가루, 달걀, 버터, 물, 소금 등을 넣고 발효 과정 없이 구운 **우리는 무발효 빵 가족이야**. 케이크나 각종 파이, 과자 등이 해당해.

3. 은밀하지만 위대한 반죽에 일어나는 일

밀가루가 빵으로 변신하는 과정

반죽이 발효될 때 일어나는 일

빵 반죽에 이스트를 넣고 숙성시키면 발효가 된다고 했지? 발효가 시작되면 반죽 안에서 열이 나면서 탄산 가스 등의 기체를 만들어 내. 이때 탄산 가스는 반죽 밖으로 나오지 못하고 안에 머무르면서 반죽이 부풀어 오르는 팽창 작용이 일어나지.

모든 과정이 중요하지만 **빵의 맛은 발효 과정에서 정해진다고 보면 돼**. 빵의 부드러운 식감과 특유의 고소한 맛이 이 과정에서 결정되거든!

> 이스트를 넣은 반죽을 상온에서 숙성시키면 크기가 두 배 정도 커져.

오븐 속에서 일어나는 일

발효된 반죽을 원하는 빵 모양으로 만들고 오븐에 넣어 볼까? 반죽이 열에 의해 익기 시작하면서 크기는 두 배 정도 부풀어 올라. 오븐 안에서 열의 대류 현상이 일어난 거야. 대류 현상은 따뜻한 공기는 밀도가 낮아 가볍기 때문에 위로 올라가고, 차가운 공기는 밀도가 높아 무겁기 때문에 아래로 내려오며 열이 퍼지는 현상이야. 대류 현상으로 오븐 안의 뜨거운 열이 반죽에 고르게 가해지니까 겉부터 안까지 익는 거지.

〈열의 대류 현상〉
뜨거운 공기는 위로!
차가운 공기는 아래로!

뽕! 뽕! 뽕!
반죽이 익으며 안의 기체가 구멍으로 빠져나와 빵이 더 부드러워져.

4. 빻고, 자르고, 두드리고!
빵을 만들 때 필요한 도구 친구들

정확한 비율과 양을 맞출 수 있게 도와주는 친구들이야.

계량스푼 가루도 액체도 문제없어!

계량컵 재료의 부피를 잴 수도 있어.

저울 모든 무게를 다 재 줄게!

재료를 섞고 반죽을 만들 때 필요한 친구들이야.

믹서 사정없이 섞어 주겠어!

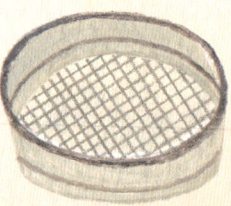

거품기 달걀의 노른자와 흰자를 섞거나 거품을 만들어.

체 밀가루, 달걀, 크림 등 모든 것을 곱게 거르지!

믹싱 볼 반죽을 발효시키거나 재료를 담는 용도로 사용해.

셋! 모양 도구

빵의 모양을 만들어 주는 친구들이야.

밀방망이 반죽을 납작하고 매끄럽게!

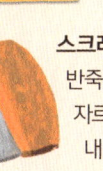

스크레이퍼 반죽을 자르는 건 내 몫이야!

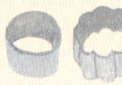

모양 틀 쿠키 반죽을 다양한 모양으로 찍어 내지.

모양 틀 다양하게 빵의 모양을 낼 수 있어.

넷! 굽기 도구

노릇노릇, 따끈따끈 반죽을 구워 주는 친구야.

오븐 장갑 오븐 안에서 빵을 꺼낼 때 필요해.

오븐 뜨거운 열기로 빵을 구워.

빵 트레이 오븐에 입장하기 전, 내 위에 반죽을 올려놓지.

다섯! 장식 도구

보기 좋은 빵이 맛도 좋은 법! 빵을 예쁘고 멋지게 만들어 주는 친구들이야.

깍지&짤주머니 반죽, 생크림을 짤 때 필요해. 동그라미, 별 등 여러 모양의 깍지를 끼우면 예쁘게 짤 수 있지.

집게 빵에 다양한 장식을 올릴 때 사용해.

접시 빵을 돋보이게 담을 수 있어.

5. 발효&오븐 작업장
빵의 운명이 결정되는 시간

발효는 빵의 운명을 결정짓는 가장 중요한 작업이라고 했지? 반죽이 잘되어야 푹신하고 부드러운 빵을 만들 수 있거든. 적당한 발효를 위한 온도와 시간은 빵마다 다르지만 보통 **26~28℃에서 60분 정도 숙성시켜**. 반죽이 잘 발효됐으면, 모양을 만들어 빵 종류에 따라 오븐에 넣고 온도와 시간을 조절해 구워. 오븐은 뜨거워서 화상을 입을 수 있으니까 조심하자.

\2일 차/
빵빵 캐슬

브레드 파크의 랜드 마크인 빵빵 캐슬에 도착했어요!
투어 기간 동안에 빵빵 캐슬에서 특별한 축제가 열린다고 해요.
독특한 모양과 맛을 지닌 빵, 국가를 대표하는 빵을 소개한다니
어서 구경하러 가 볼까요?

빵력 충전 미션!
우연과 필연에 의해 탄생한 빵을 찾아라!

빵빵 캐슬 가이드 추로스예요.
오늘부터 일주일 동안 '빵빵 페스티벌'이
열려요. 일 년에 단 한 번, 세계의 다양한
빵들이 모이는 축제이지요. 어떤 빵들이
참여했는지 살펴보세요.

1. 우연과 필연의 빵

독특한 모양과 맛을 지닌 빵의 탄생 과정을 알아보자!

Donut
도넛

안녕, 내 이름은 도넛!

밀가루 반죽을 둥글게 빚어 기름에 튀긴 빵이야.
주로 가운데에 구멍이 뚫린 **링 모양**이 많고, 작고 동그란 모양, 네모난 모양도 있어. 나의 탄생 스토리를 들어 볼래?

우리 도넛의 조상은 네덜란드의 '**올리코엑**(Olykoek)'이라는 빵이야. 19세기 미국에 사는 네덜란드인이 만들어 먹으며 전해졌어. 그때는 반죽 가운데에 견과류나 과일을 넣은 동그란 공 모양이었지.

지금의 링 모양 도넛은 미국의 선장 한센 그레고리가 생각해 냈다고 해. 바다를 항해하던 한센은 키를 조정하면서도 빵을 먹고 싶었어. 그래서 빵의 한가운데에 동그랗게 구멍을 뚫어 키에 끼워 놓고 먹기 시작했지. 이 모양은 만들 때 속까지 더 빠르게 익고 손으로 집어 먹기도 편해 오늘날까지 전해 오지.

와플

#리에주_와플

#벨기에 #둥근_모양 #쫀득쫀득

#스트룹_와플

#네덜란드 #얇은_반죽

#캐러멜_시럽 #커피와_환상의_짝꿍

내 이름 와플(Waffle)은 네덜란드어 '바플(Wafel)'이 미국식 발음으로 굳은 거야. 우리 조상은 9~10세기 서유럽에서 먹던 우블리라는 빵으로 팬케이크와 비슷해. 주로 교회에서 성찬용으로 사용했기 때문에 맛도 모양도 밋밋했지.

#브뤼셀_와플

#벨기에 #겉바속촉 #직사각형_모양

우리가 흔히 떠올리는 **격자무늬** 와플은 13~15세기경에 우연히 만들어졌어.
어느 날 팬케이크 위에 고기 망치가 떨어져 자국이 생겼는데, **그 울퉁불퉁한 자국이 잼과 시럽이 넘쳐 흐르지 않게 막아 주는 걸** 보고는 본격적으로 격자무늬 와플을 만들기 시작했다고 해.
시간이 지나 반죽에 고소한 버터와 달콤한 설탕을 넣기도 하고 여러 토핑을 얹으며 와플은 다양한 모습으로 진화해 왔어.

달콤한 과일, 부드러운 생크림, 진한 초콜릿, 게다가 아이스크림까지! 다양한 토핑을 얹어 먹기도 해.

브라우니

케이크보다 쫀득쫀득하고 초콜릿보다 부드러운 빵을 찾고 있니?
그렇다면 짙은 초콜릿 향이 매력적인 우리, 브라우니지!

브라우니는 초콜릿 케이크를 만드는 과정에서 우연히 탄생했어. 어떤 주부가 베이킹파우더를 넣는 것을 깜박해 케이크가 부풀지 않았는데, 생각보다 쫀득하고 달콤한 맛에 사람들이 반한 거야. 실패에서 만들어진 우리는 우연과 필연의 신이 선택한 빵이야.

밀가루, 버터, 달걀, 설탕과 초콜릿 또는 코코아 가루를 섞고 사각형 틀에 담아 오븐에 구우면 완성이야. 달콤한 디저트를 좋아한다면, 나를 잊지 마!

✨ 실패한 초콜릿 케이크?

버터가 많이 들어가 열량이 높아.

치아바타

담백한 맛을 원한다면, 내가 제격이지!
나는 밀가루, 효모, 물, 소금 등 천연 재료만을 사용해 만든 이탈리아의
대표 빵 **치아바타**야. 이탈리아어로 '**낡은 신발, 슬리퍼**'라는 뜻으로,
기다랗고 납작한 모양 때문에 붙은 이름이지.
겉은 바삭바삭하고, 안쪽은 쫄깃쫄깃해. 안쪽에 구멍이 송송 뚫려 있는데,
이 구멍은 반죽이 발효될 때 공기가 빠져나가며 생긴 거야.
우리는 바게트 대신 먹을 수 있는 빵이었어. 제2차 세계 대전 직후 바게트를
만들 곡물이 부족해지자 빵을 풍족하게 만들어 먹을 수 없었거든. 가난한
사람들은 빵을 만들고 남은 반죽을 모아서 슬리퍼 모양으로 최대한 펴서
구웠어, 그게 바로 나, 치아바타가 되었지.

짭조름한 치즈나 고기를 넣어
샌드위치로 만들어 먹어 봐.

2. 넘버 원 빵 축제의 빵

국가대표 빵의 매력 대결!

프랑스 🇫🇷 마들렌

가운데가 볼록 튀어나온 조개 모양의 빵으로, 카스텔라처럼 부드럽고 촉촉한 식감이야. 상큼한 레몬 향이 매력적이지. 주로 따뜻한 홍차나 커피와 함께 먹는 문화가 있어.

독일 🇩🇪 브레첼

반죽을 길게 만들어 가운데 매듭을 지은 하트 모양의 빵이야. 독일에서 주식으로 먹기도 해. 브레첼 겉에 듬성듬성 붙어 있는 굵은 소금은 짭조름한 맛을 더해 감칠맛을 내지.

이탈리아 🇮🇹 티라미수

티라미수는 커피를 적신 빵과 마스카르포네 치즈를 쌓아 만든 이탈리아 대표 디저트야. 이탈리아어로 '기분이 날아갈 것처럼 좋아지다.' 라는 뜻을 가지고 있는데, 부드럽고 아찔하게 달콤한 맛 때문에 이런 이름이 붙었어.

영국 🇬🇧 스콘

겉은 바삭하고 속은 촉촉한 스콘은 영국을 대표하는 빵이야. 원형이나 삼각형 등 모양이 다양하고, 맛도 달콤한 맛, 짭조름한 맛이 있어. 영국 사람들은 스콘에 버터나 딸기 잼을 발라 홍차에 곁들여 먹지.

인도 🇮🇳 난

발효시킨 밀가루 반죽을 인도의 전통 오븐인 탄두르에 넣고 구운 빵으로 눈물 또는 잎사귀 모양이야. 손으로 뜯어 카레나 수프를 찍어 먹기도 해.

중국 🇨🇳 월병

중국의 추석인 중추절에 먹는 빵으로 둥근 보름달 모양이야. 안에는 팥, 견과류, 말린 과일 등의 소가 들어 있어. 가족과 이웃끼리 나누어 먹으며 서로 행복을 빌어 주는 풍습이 있어.

3. 스페셜한 하루를 위한 빵

기념일을 더욱 특별하게 만들어 줄 빵을 만나 보자!

나와 결혼해 주세요

크로캉부슈

크로캉부슈는 프랑스어로 '**입안에서 바삭거리다.**'라는 뜻을 가진 빵이야. 미니 슈 여러 개를 캐러멜 시럽으로 이어 붙여 높은 원뿔 모양으로 만든 **프랑스의 전통적인 웨딩 케이크지**. 초콜릿이나 아몬드, 꽃, 리본 등으로 케이크 위를 장식해 결혼을 축하해. 시럽으로 딱딱하게 굳어진 케이크는 신랑, 신부가 칼이나 망치로 내려쳐 손님들과 조각을 나누어 먹지.

바삭
바삭
바삭

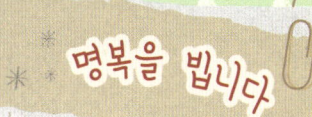

구아구아빵 안에 잼을 넣기도 해.

구아구아 빵

멕시코에서는 매년 10월 말에서 11월 초에 '**죽은 자의 날**' 축제가 열려. 세상을 떠난 가족, 친지, 친구 등을 기리며 명복을 비는 날이지. 사람들은 설탕, 초콜릿 등으로 해골과 뼈 모양의 사탕을 만들어 제단을 장식해. **어린아이 모양의 구아구아 빵**은 이날 여러 색깔의 설탕으로 화려하게 장식해 이웃과 나누어 먹어.

바실로피타

그리스 사람들이 새해 아침에 먹는 전통 케이크야. 진한 버터와 달걀 향이 고소한 카스텔라지. 바실로피타를 구울 때는 속에 **동전**이나 **작은 장신구**를 숨겨 두는데, 이것을 발견하는 사람은 **그해에 행운이 온다**고 믿는대.

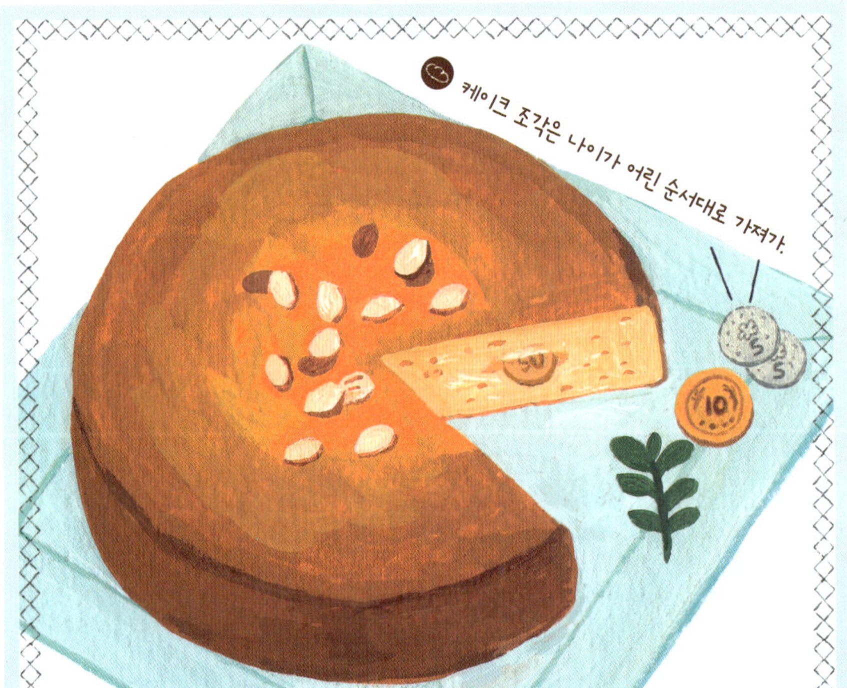

케이크 조각은 나이가 어린 순서대로 가져가.

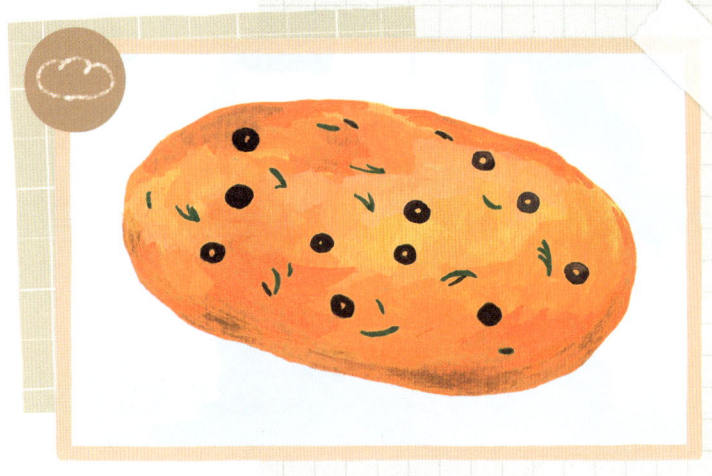

포카치아

불가리아에서는 포카치아를 먹으며 새해를 시작하는 풍습이 있어. 포카치아는 이탈리아에서 유래한 화덕에서 구운 납작한 빵이야. 포카치아를 구운 뒤, 가장 나이 많은 사람이 잘라 주며 덕담을 나눈다고 하지. 그리고 포카치아 빵 조각을 베개 아래에 두고 자면, 그날 밤 꿈에 나타난 사람과 결혼하게 된다는 재미있는 전설이 있어.

올리볼렌

네덜란드의 대표적인 새해맞이 음식이야. 네덜란드 사람들은 새해 전날이 되면, 가족과 친구들이 모여 한 해의 평안을 기원하며 올리볼렌을 나눠 먹는다고 해. 올리볼렌은 작은 공 모양의 도넛인데, 말린 과일이 들어가 있어 달콤한 맛이 아주 매력적이지.

기름(Olie) + 공 모양(Bol) = 기름에 튀긴 공

메리 크리스마스

오래 숙성할수록 더 달콤해.

슈톨렌

슈톨렌은 독일의 전통 빵이야. 설탕에 절인 과일과 아몬드, 향신료를 넣고 발효한 반죽을 구운 다음, 겉에 버터를 바르고 슈거 파우더를 뿌려 완성해. 독일에서는 **크리스마스를 앞두고 슈톨렌을 만드는 전통**이 있어. 숙성시켜 먹으면 더 맛있어지기 때문이지. 크리스마스가 가까워지면 미리 준비해 놓은 슈톨렌을 한 조각씩 얇게 잘라 가족끼리 나눠 먹는다고 해.

파네토네

이탈리아에서 크리스마스에 빠뜨리지 않고 먹는 빵이야. 파네토네의 이름에 관한 유래는 여러 가지가 있어. 그중 가장 유명한 이야기는 이탈리아 밀라노의 한 귀족 청년이 제빵사 토니의 딸에게 첫눈에 반했는데, 그녀의 마음을 얻기 위해 이 빵을 만들었다는 거야. 제빵사 토니는 이 빵을 가게에 팔기 시작했고 빵이 불티나게 팔리며 '토니의 빵(Pan de Toni)'이라고 불리게 되었대. 크리스마스에 먹고 남은 파네토네를 보관했다가 이듬해 2월 3일에 감기를 예방하는 의미로 먹기도 하지.

파네토네 윗면에 새해 소망을 담아 칼로 십자가를 그어.

구겔호프

구겔호프는 프랑스 알자스 지방의 명물로 반죽을 **왕관 모양 틀**에 넣고 구운 발효 빵이야. 구겔호프는 동방 박사들이 아기 예수의 탄생을 축하하러 갈 때, 이들을 재워 준 토기장이에게 고마움을 표현하기 위해 만들었다고 해. **동방 박사들의 터번 모양을 본떠 지금의 독특한 모양**이 된 거지. 보통 반죽에 건포도와 견과류를 듬뿍 넣거나 초콜릿 칩이나 말린 과일을 넣기도 해. 파운드 케이크 같은 식감을 자랑하지.

마리 앙투아네트가 즐겨 먹은 빵이야.

오할드리나

스페인 안달루시아 지역에서 크리스마스 기간에 먹는 페이스트리야. 오렌지 즙을 반죽에 넣어 상큼한 향이 가득한 빵이라고 할 수 있지. 겹겹이 쌓인 층마다 풍기는 향긋한 오렌지 향이 일품이야. 폭신폭신할 것 같은 생김새와는 다르게 **가볍고 바삭바삭한 쿠키 같은 식감**이 특징이지.

\3일차/
빵스토리움

빵이 문화, 예술, 역사 속에도 등장한다는 거 알고 있나요?
빵 도서관, 빵 미술관, 빵 역사관을 순서대로 들르며
우리 주변에 숨어 있는 다양한 빵 이야기를 들려줄게요.

✶ 빵력 충전 미션!
명화 속에 나온 빵을 찾아라!

1. 빵 도서관

이야기로 읽는 빵

"빵 한 조각을 훔쳤을 뿐인데, 감옥에 19년이나 갇혀 있었어!"

『레 미제라블』 _ 빅토르 위고

추운 겨울, 장발장은 추위에 떨며 굶주리는 조카들을 위해 빵 한 덩이를 훔쳤어. 그 죄로 그는 감옥에 가게 되었지.

장발장이 훔쳤던 빵은 캉파뉴라는 빵이야. 호밀 가루와 밀가루를 섞어 시골의 화덕에 구운 빵으로 프랑스어로 '시골, 농촌'을 뜻해. 그 당시 캉파뉴는 서민들이 주식으로 먹는 빵으로, 캉파뉴 하나면 서너 명이 배를 채울 수 있을 만큼 크기가 컸다고 해. 딱딱한 껍질 속에 쫄깃한 속살이 숨어 있고, 담백하고 고소한 맛이 일품이야.

"실수는 누구나 하는 거야.
너무 두려워하지 마!"

『빨강 머리 앤』 ─루시 모드 몽고메리

『빨강 머리 앤』은 상상력이 풍부한 소녀 앤이 한적한 시골 마을로 입양되면서 생기는 이야기를 담은 소설이야.

앤은 어떤 상황에서도 기죽지 않고 당당한 성격이었지. 어느 날, 앤은 손님을 위해 직접 **레이어 케이크**를 만들기도 했어. 하지만 앤은 코감기에 걸려 냄새를 맡을 수 없었고, 실수로 바닐라 향료 대신 진통제를 넣고 말았지. 결국 앤은 케이크를 망치고 말았지만 좌절하지 않고 실수를 당당하게 인정했어. 케이크는 다시 만들면 되니까 말이야.

레이어 케이크는 빵 사이에 크림, 잼 등을 겹겹이 발라 쌓은 케이크야. 주로 손님들이 왔을 때 함께 나누어 먹는 전통적인 디저트지.

"생강 빵을 베어 무니
입안에서 별이 반짝이는 것 같아!"

『메리 포핀스』 _파멜라 린든 트래버스

우산을 타고 하늘을 나는 메리 포핀스가 누군지 들어 본 적 있니? 메리 포핀스는 아이들을 돌봐 주는 보모였어. 어느 날, 메리와 아이들은 하늘에 별을 만들어 지구를 밝히는 일을 하는 코리 할머니 댁에 놀러 갔어. 코리 할머니는 거무스름한 색과 알싸한 향이 나는 생강 빵을 구워 주었는데, 한입 먹자마자 모든 걱정이 사라지고 행복해지는 맛이었지.
생강 빵은 감기를 예방하기 위해 빵에 생강을 넣어 구운 빵이야. 쿠키, 케이크 등 형태도 다양해. 매울 것 같다고? 한입 먹어 보면 생각이 바뀔걸? 달콤하고, 고소한 견과류 맛이 섞여 깊은 풍미를 느낄 수 있거든.

"이 빵을 먹으면
　　　　　기운이 날 거야!"

『소공녀』 _프랜시스 호지슨 버넷

남부러울 것 없이 부유하게 자란 세라는 아버지가 세상을 떠나자, 하루아침에 가난하고 힘들게 살아가야 했어. 어느 겨울날, 춥고 배고팠던 세라는 길에서 주운 동전으로 **건포도 빵**을 사 먹어야겠다고 마음먹었지. 건포도가 콕콕 박힌 따끈따끈한 빵이라니! 혼자 다 먹을 수도 있었지만, 세라는 굶주린 아이들과 함께 빵을 나눠 먹었어. 나보다 남을 더 생각하고 배려하는 마음씨 덕분일까? 세라는 마침내 행복을 찾게 돼. 『소공녀』에서 건포도 빵은 작은 것이라도 함께 나누는 세라의 따뜻한 마음씨를 상징해.

어원으로 만나는 빵

빵 이름에는 다양한 의미가 있어.
어떤 뜻이 숨어 있을까?

포카치아 Focaccia

크루아상 Croissant

판도로 Pandoro

바게트 Baguette

포카치아는 이탈리아를 대표하는 전통 빵 중 하나야. 포카치아는 라틴어로 '난로나 화로에서 구운 빵'이라는 뜻이지. 예전에는 방이나 거실 가운데 화로를 놓고 생활했는데, 빵이 구워지는 시간으로 난로 안의 온도를 짐작했다고 해. 그래서 '따뜻한 난로'를 뜻하는 라틴어 '포쿠스(Focus)'에서 유래된 이름이야.

바게트는 빵의 모양이 가늘고 길어 마치 막대기 같아. 그래서 라틴어로 '막대기, 몽둥이'를 의미하는 '바클룸(Baculum)'에서 이름이 유래했어. 지금도 프랑스 사람의 약 98%가 매일 바게트를 먹을 정도로 프랑스를 대표하는 빵이야. 매년 최고의 바게트를 뽑는 그랑프리 대회가 열릴 정도라고 해. 프랑스 사람들, 정말 바게트에 진심이지?

크루아상은 프랑스어로 '초승달(Croissant)'을 의미해. 초승달처럼 생긴 모습 때문에 이런 이름이 붙었지. 프랑스 빵으로 알려졌지만 헝가리에서 넘어온 빵이었다고 해. 밀가루 반죽 위에 버터를 올리고 겹겹이 접어 돌돌 말아 구우면 완성돼. 프랑스 사람들은 아침에 커피와 함께 크루아상을 먹는 걸 즐겨. 과일이나 크림, 치즈 등으로 속을 채워 함께 먹기도 하지.

이탈리아어 '판 데 오르(Pan de oro)'에서 유래한 **판도로**는 '금으로 만든 빵'이라는 뜻을 가지고 있어. 버터와 달걀을 듬뿍 넣어 만들기 때문에 빵을 자르면 황금빛 속살이 보이지. 한 아이가 황금빛 속살을 보고 "금으로 만든 빵이다!"라고 감탄해서 이런 이름이 붙었대. 판도로는 이탈리아 전통 크리스마스 케이크로 겉에 뿌린 슈거 파우더가 마치 눈이 내린 것처럼 보이기도 해.

2. 빵 미술관

그림으로 만나는 빵

〈최후의 만찬〉, 레오나르도 다빈치
프레스코 벽화, 460×880cm, 이탈리아 밀라노, 산타 마리아 델레 그라치에 성당

레오나르도 다빈치의 걸작인 〈최후의 만찬〉이야. 예수가 잡혀가기 전 마지막으로 제자들과 저녁 식사를 하는 모습을 그린 명화지. 그림 속 주인공들은 떡과 포도주를 나누어 먹고 있어. 사실 이 떡은 납작한 빵으로 예수의 살을 의미한다고 해. 오늘날 이 떡은 예수의 희생과 사랑을 상징하게 되었지. 그림 속 인물들은 서로 어떤 이야기를 나누고 있을지 상상해 보자.

〈빵 굽는 사람〉, 욥 베르크헤이데
캔버스에 유채, 63.5×55cm, 미국 매사추세츠, 우스터 미술관

"갓 구운 빵 나왔습니다!"라고 외치며 사람들을 불러 모으는 제빵사의 뿔피리 소리가 들리는 것 같아. 이제 사람들이 빵을 사기 위해 줄을 설 거야. 바구니에 담긴 빵과 진열된 호밀빵이 아주 먹음직스러워 보이지? 뒤에 대롱대롱 매달린 브레첼도 있어! 당시 사람들에게 고소한 빵 냄새와 함께 들리는 뿔피리 소리는 정말 반가웠을 거야.

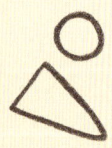

〈빵 굽는 여인〉, 장 프랑수아 밀레
캔버스에 유채, 46×55cm, 네덜란드 암스테르담, 오테를로 크뢸러 뮐러 미술관

그림 속 여인은 어떤 빵을 굽고 있을까?
밀레는 주로 평범한 농민들의 모습을 화폭에 담았어. 실제로 빵 굽는 냄새에 이끌려 그림 속 장소까지 왔고, 이 그림을 그렸을지도 모르지. 열심히 빵을 굽고 있는 뒷모습을 보고 있자니 뜨거운 화로의 열기가 이곳까지 느껴지는 것 같아. 갓 구운 빵을 상상하니 군침이 도는걸!

당시 유럽 사람들이 아침을 어떻게 먹었는지 알 수 있는 그림이야. 식탁 위를 살펴보면 빵과 다양한 종류의 치즈, 과일을 곁들여 먹었다는 걸 볼 수 있어. 우리가 익히 보던 빵과 치즈의 크기와는 다르게 크기가 어마무시하네? 어떤 치즈를 올려 먹으면 가장 맛있을까?

<아침 식사>, 플로리스 반 스호텐
캔버스에 유채, 50x82cm, 벨기에 앤트워프, 코닌클리케 박물관

3. 빵 역사관

역사 속에서 만나는 빵

"빵은 곧 돈이야!"
이집트의 화폐

고대 이집트에서 빵은 음식일 뿐만 아니라 화폐의 기능도 가지고 있었어. 빵을 굽는 화로는 화폐를 발행하는 중앙은행의 역할을 한 셈이지. 고대에는 안정적으로 식량을 확보하는 것이 아주 중요한 일이었어. 그래서 이집트 왕에게 제빵소는 가장 중요한 재산 중 하나였대. 이집트 왕의 고분 벽화에 제빵소가 그려져 있었던 것만 봐도 얼마나 중요한 통치 수단이었는지 알 수 있겠지?

이집트 백성들은 수백 년 동안 노동의 대가를 빵으로 받았는데, 일당으로 빵 3개와 맥주 2병을 받았어. 고대 메소포타미아인들이 빵을 만들다가 실패한 액체 상태의 빵 반죽을 아까운 마음에 마셔 보았는데, 생각보다 맛있었다고 해. 그래서 계속 만들기 시작했고 이것이 맥주가 된 거야. **빵은 고체 상태의 맥주, 맥주는 흐르는 빵**이었던 셈이야. 그 당시 맥주는 오늘날과는 다르게 걸쭉했다고 해.

이집트의 한 고서에는 '이웃에게 빵을 나누어 주지 않으려거든 너 자신도 먹지 말라.'라는 구절이 나와 있고, 또 구걸하는 사람에게 빵을 주지 않는 것을 가장 추악한 범죄로 여겼다고 하지. 그만큼 **빵은 고대 이집트 사람들에게 중요한 재산이자 식량이었어.**

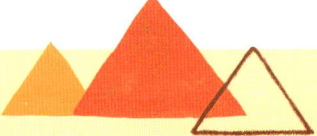

"달콤한 디저트는 나에게 맡겨."

로마의 제빵사

고대 로마에서 빵을 만드는 제빵사는 상당히 존경받는 직업이었어. 로마 황제는 제빵사들을 시민들의 복지에 중요한 사람들이라며 **국가의 관리**가 되는 특권을 부여했거든. 오늘날로 치면 제빵사는 공무원이었던 거야. 제빵사는 아무나 될 수 있는 게 아니었어. 제빵사들이 운영하는 빵 가게는 국가 기관에 속했고, 그곳에서 나오는 모든 수익은 국가에 귀속되었지. 자신의 가게를 마음대로 닫거나 처분할 수 없었어. 그만큼 고대 로마에서 빵은 나라에서 관리하는 중요한 자원이었던 거야.

먹을 것이 가장 중요했던 고대 국가에서 식량을 가공, 생산하는 제빵사들이 특별 대우를 받았던 건 어찌 보면 당연한 일이었을 거야. 식량 문제를 해결하려고 했던 로마의 고심이 담긴 정책이었지.

우리 제빵사는 로마의 식량 문제를 해결할 수 있는 중요한 직책이야.

고대 로마인들은 **달콤한 맛의 디저트용 치즈 케이크와 짭짤한 맛의 식사용 치즈 케이크**를 즐겨 먹었다고 해. 기원전 160년 고대 로마의 정치가 카토가 쓴 교양서 『농사에 대해서(De Agri Cultura)』에도 치즈 케이크에 대한 기록이 남아 있어. 책에는 '치즈에 달걀, 꿀과 밀가루를 섞어 굽고 표면에 꿀과 양귀비 씨앗을 뿌린 음식'이라고 적혀 있어. 오늘날에도 많은 사랑을 받는 치즈 케이크를 고대 로마 때부터 즐겨 먹었다니, 정말 신기하지?

"빵이 아니면 죽음을 달라!"
빵 평등권

빵 평등권은 자유롭고 평등한 사회를 꿈꿨던 프랑스 사람들이 주장한 것으로, 신분에 관계없이 누구나 차별받지 않고 똑같은 빵을 먹을 수 있어야 한다는 권리를 말해.

18세기 프랑스에서 빵은 정치적 권력이자 계급을 나누는 수단이었어. 농민들은 호밀, 보리로 만든 거칠고 딱딱한 빵만 먹을 수 있었고, 상류층들은 부드러운 흰 빵을 먹을 수 있었지.

빵의 길이 80cm

우리가 빵을 마음껏 먹을 수 있게 된 건 그리 오래된 일이 아니야! 프랑스 혁명의 정신이 깃든 바게트는 프랑스의 상징 그 자체야.

'빵이 아니면 죽음을 달라!'는 구호는 단순히 식량을 달라는 의미가 아니야. 신분에 차별 없이 모두가 먹을 수 있는 빵을 나눠야 하며 '사람은 누구나 평등하다.'는 뜻이 담겨 있지. 자유롭고 평등한 사회를 꿈꿨던 프랑스 사람들은 불평등을 뒤엎고자 거리로 나섰어.

결국 1793년, 국민 의회는 **빵의 평등권**을 선포했는데, 신분에 따라 빵 먹을 권리에 차별이 있어서는 안 된다는 거야. 앞으로 프랑스에서 만드는 모든 빵의 길이는 80cm, 무게는 250~300g으로 제한을 두었고, 모두가 똑같은 빵을 먹을 수 있도록 했어. 여기에서 탄생한 빵이 바로 **바게트**야. 바게트가 프랑스 사람들에게 사랑받는 이유는 이처럼 프랑스 혁명의 정신이 깃든 빵이기 때문이지.

"우리에게 빵과 장미를!"
— 여성 평등권

1908년 3월 8일, 미국 뉴욕에서 대규모 시위대가 거리로 나섰어. 그들은 1만 5천여 명의 여성 노동자로 빵과 장미를 달라고 외치며 행진했지. **빵은 인간이 살아가는 데 꼭 필요한 식량으로 생존권을 의미하고, 장미는 남성에게만 주어졌던 참정권과 존엄성을 의미했어.**

당시 여성 노동자들은 숨 쉬기 어려울 정도로 먼지가 가득한 공장에서 하루 종일 일해야 했어. 하지만 정당한 임금을 받지 못했고, 선거권과 노동조합 결성의 자유도 없었지. 이런 부당한 대우에 참다못한 여성 노동자들이 거리로 뛰어나와 평등과 권리를 달라고 요구한 거야.

이후 국제 연합(UN)은 1975년을 '세계 여성의 해'로 지정했고, 3월 8일을 '세계 여성의 날'로 선포했어. 해마다 여성의 날이 되면 세계 곳곳에서는 빵과 장미를 나눠 주는 행사를 하며 그 정신을 기리지. 우리나라에서는 1985년에 제1회 한국여성대회를 공개적으로 개최하며 여성의 날 행사에 본격적으로 동참하기 시작했어.

4일 차
뺑뺑 잇스프레스

오늘은 일일 세계 여행을 떠나 볼까요?
뺑뺑 고속 열차를 타고 세계의 여러 나라를 방문하며
대표 빵을 알아보도록 해요!

빵력 충전 미션!
기차를 타고 세계를 여행하며 대표 빵을 먹어라!

저는 벌써 탔어요.
어서 떠나요!

기차 안에
간식이 준비되어
있을까요?

네, 바로
출발하죠!

1. 내 이름을 불러 줘!

다른 나라에서는 빵을 어떻게 부를까?

 빵빵 기차 출발 전, 깜짝 퀴즈를 내 볼게요.
제가 내는 퀴즈를 맞혀 보세요.

Q. 단어 '빵'은 순우리말이다.

 퀴즈가 너무 쉬운데요? 빵은 순우리말이 맞아요. '빵빵하다'라는 말도 있잖아요. 속이 가득 차 있다는 뜻이라고요!
빵은 여기에서 나온 단어가 분명해요.

 저는 브레드 사장님의 의견과 반대를 택하겠어요.

 정답은 X. 빵은 순우리말이 아니에요.
'빵'이라는 단어는 포르투갈어 '팡(pão)'에서 온 외래어예요.
세계 여러 나라에서는 빵을 어떻게 부르는지 알아볼까요?

pan 계열

빵	팡	팽	판	파네	판
빵	pão	pain	pan	pane	パン
한국어	포르투갈어	프랑스어	스페인어	이탈리아어	일본어

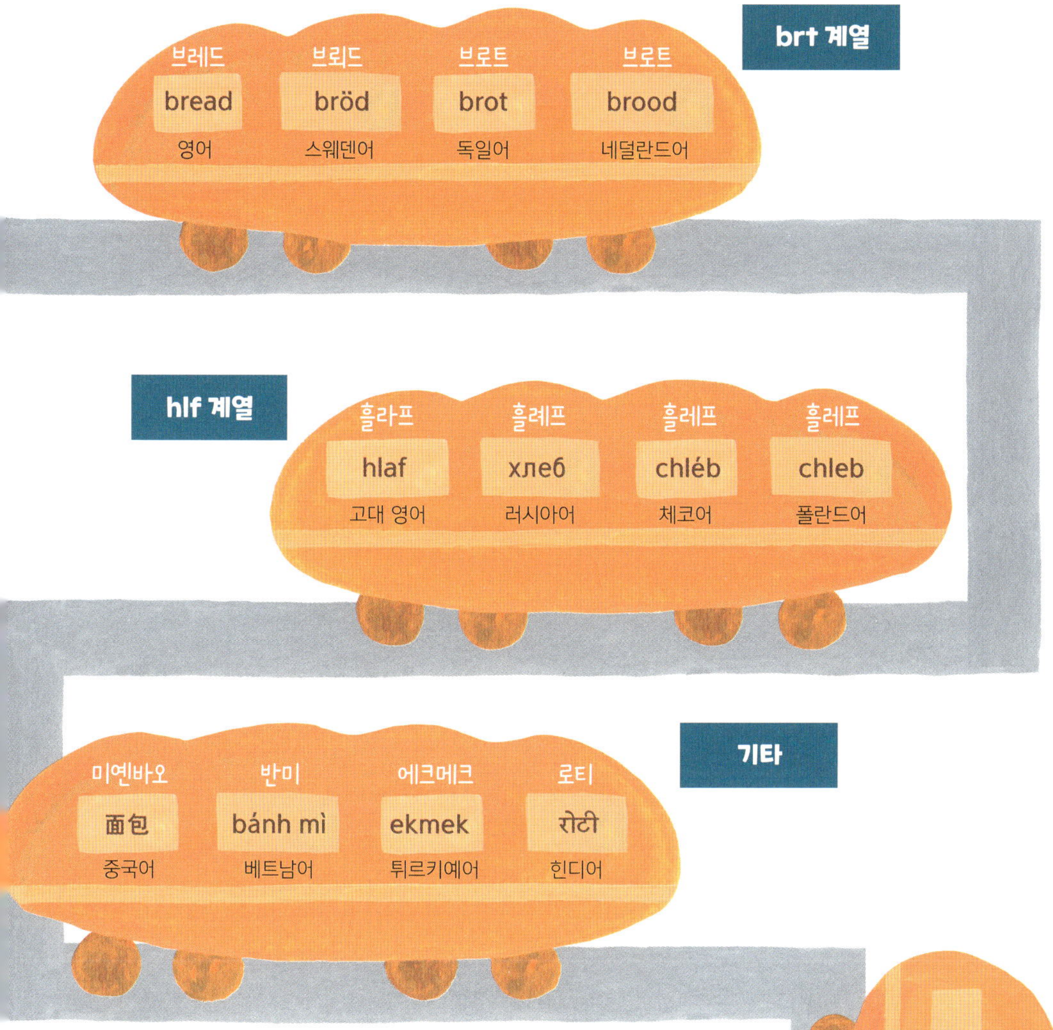

brt 계열

브레드	브뢰드	브로트	브로트
bread	bröd	brot	brood
영어	스웨덴어	독일어	네덜란드어

hlf 계열

흘라프	흘레프	흘레프	흘레프
hlaf	хлеб	chléb	chleb
고대 영어	러시아어	체코어	폴란드어

기타

미엔바오	반미	에크메크	로티
面包	bánh mì	ekmek	रोटी
중국어	베트남어	튀르키예어	힌디어

 빵을 부르는 언어가 이렇게 다양하다니!

 나라마다 비슷한 듯 다른 발음이 재미있네요.

 자, 이제 출발 시간이에요.
각 나라를 대표하는 빵을 만나러 여행을 떠나 봐요!

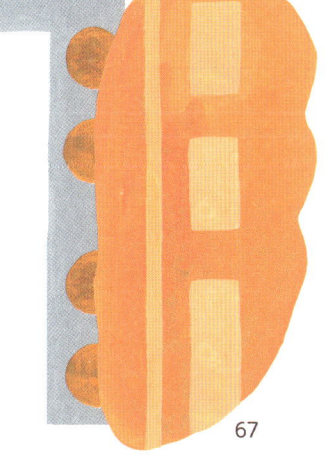

2. 이건 꼭 맛봐야 해!

첫 번째 여행지
포르투갈

흰자는 수도복을
빠는 데 필요하지.

파스텔 드 나타

에그타르트 좋아해? 솔솔 풍기는 고소한 버터 향기와 그 안의 부드러운 노란색 슈크림이 풍미를 더하지. **에그타르트는 포르투갈어로 파스텔 드 나타**라고 부르는데, '**크림 페이스트리**'라는 뜻이야. 이 디저트는 포르투갈의 한 수도원에서 탄생했어. 당시 수도승들은 달걀 흰자를 이용해 수도복을 빨았는데, 남은 노른자가 처치 곤란이었던 거야. 어떻게 할지 고민하던 수도원의 요리사는 노른자에 크림, 설탕을 듬뿍 넣어 구웠어. 그렇게 파스텔 드 나타가 탄생했지.

갓 구운 파스텔 드 나타는 크림이 무척 뜨겁기 때문에 조심해서 먹어야 해. 입술을 살짝 대어 온도를 확인하고 조심스럽게 한입 베어 물어 봐. 파이가 바삭하게 부서지면서 입안에 버터, 달걀의 고소한 맛과 달콤하고 진한 크림 향이 가득 퍼질 거야.

노른자는 맛있는 파스텔 드 나타로 변신할 거야.

전통 파스텔 드 나타를 만드는 비밀 레시피가 수도원에 전해 내려온대.

두 번째 여행지
프랑스

갈레트 데 루아

갈레트 데 루아는 프랑스의 대표 빵으로 왕의 케이크라는 뜻이야. 아몬드 가루를 넣고 구워 바삭바삭하고, 가운데 달콤하고 촉촉한 크림이 가득 들어 있는 페이스트리야. 화려한 재료는 들어가지 않지만 담백하고 고소한 맛이 일품이지. 프랑스에서 갈레트 데 루아는 우리나라의 떡국처럼 새해를 기념하는 의미에서 먹는 빵이야. 새해 운을 점쳐 보기 위해 갈레트 데 루아 안에 페브라는 도자기 인형을 넣고 구워. 페브는 강낭콩을 뜻하는데 인형을 넣기 전에는 실제 강낭콩을 넣었대.

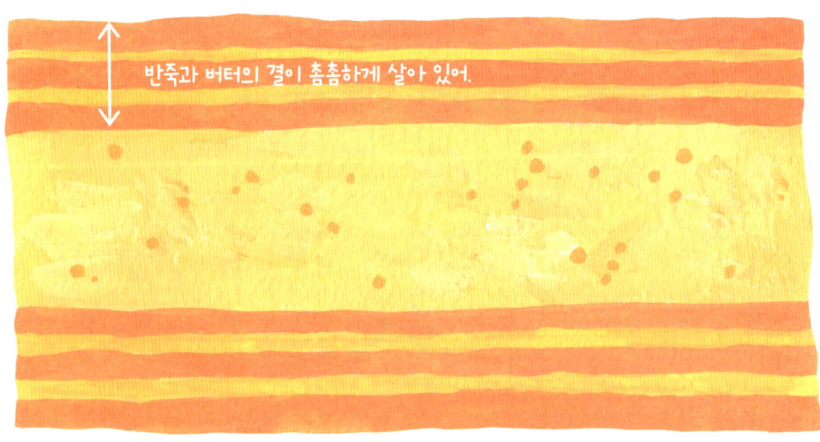

반죽과 버터의 결이 촘촘하게 살아 있어.

도자기 인형은 행운을 상징해서 이 인형이 들어 있는 조각을 먹는 사람은 새해 소원이 이루어진다고 해. 그리고 그날 하루 왕관을 쓴 채 왕처럼 대접받아. 파이 윗면에는 문양을 새기는데 각 집안마다 전통 문양이 전해 내려오며, 해마다 어떤 모양으로 새길지 상의하기도 한대.

세 번째 여행지
스웨덴

셈라

셈라는 북유럽에서 디저트로 즐겨 먹는 **전통 크림빵**이야. 부드러운 빵 안에 달콤한 크림이 듬뿍 들어 있는 크림 슈 같아. 스웨덴에서는 아몬드 크림을, 핀란드에서는 라즈베리 잼을 넣어 먹는다고 해.

오래전부터 북유럽에서는 **사순절을 시작하기 바로 전날인 '고해의 화요일'에 이 빵을 먹었대**. 사순절이란 기독교에서 부활절을 맞기 전 40일을 말하는데, 이 기간 동안은 금식을 해야 해. 셈라는 **금식 전에 마지막으로 먹는 아주 특별한 음식**인 셈이지. 셈라는 열량이 높고 포만감을 줘서 마지막 만찬으로 딱 알맞은 선택이었어.

1771년, 스웨덴의 왕 아돌프 프레드리크는 셈라 14접시를 한꺼번에 먹었다가 소화 기관에 문제가 생겨 갑작스럽게 죽고 말았대. 왕을 죽음에 이르게 할 만큼 달콤한 디저트라니 꼭 먹어 보고 싶지 않니?

빵에 따뜻한 우유를 부어 먹어 봐.

셈라는 따뜻한 우유를 부어 먹기도 해. 살포시 얹은 빵 뚜껑을 들어 생크림을 살짝 맛본 뒤, 우유에 젖은 빵을 한입 베어 물면 달콤한 행복이 찾아올 거야!

네 번째 여행지
체코

트르들로

트르들로는 체코를 대표하는 빵이야. 긴 원통형에 가운데가 뚫려 있는 모양으로 굴뚝을 닮아서 **굴뚝빵**이라고도 부르지. 우리나라의 붕어빵처럼 **체코 어디에서나 맛볼 수 있고 남녀노소 모두가 좋아하는 대중적인 빵**이야.

트르들로는 밀가루 반죽을 기다란 봉에 돌돌 말아 화덕에 돌려 가며 구운 다음, 설탕과 시나몬 가루를 뿌리면 완성이야. 중앙에 동그란 구멍이 뚫려 있어서 그 안에 아이스크림이나 초콜릿 등 원하는 재료를 넣어 먹기도 해.

빙글
빙글

다섯 번째 여행지
튀르키예

바클라바

바클라바는 아랍 문화권에서 흔히 먹는 디저트 빵이야. **종이보다 얇은 반죽**을 겹겹이 쌓아 구운 일종의 페이스트리이지. 옛날 튀르키예의 왕실 요리사들은 술탄의 명령으로 **100겹의 바클라바**를 만들었다고 해. 100겹이지만 한입에 쏙 들어갔다고 하니 반죽의 두께가 굉장히 얇았겠지? 오늘날 튀르키예의 바클라바는 반죽 뒤에 신문지를 겹쳐도 글씨가 보일 정도로 얇게 만드는 것이 특징이래.

바클라바는 재료에 따라 종류가 다양해. 보통 시럽과 견과류를 넣어 만들기도 하고, 견과류 없이 우유와 푸딩을 넣어 만들기도 하지.

여섯 번째 여행지
우즈베키스탄

레표시카

레표시카는 우즈베키스탄에서 주식으로 먹는 전통 빵이야. 밀가루, 소금, 이스트, 참깨를 반죽하여 납작하게 구워 낸 빵으로 담백해서 다양한 소스나 요리에 곁들여 먹지. 레표시카는 러시아어 발음이고, 현지에서는 '논'이라고 불러.

레표시카는 가족의 행복을 상징해.

우즈베키스탄 사람들은 레표시카를 손으로 찢으며 식사의 시작을 알린대. 크기가 사람 얼굴보다 큰 레표시카도 있어. 또 오랫동안 보관하기 위해 수분이 적고 퍽퍽하게 만들어서 유목민들은 이동할 때 레표시카를 베개로 사용하기도 했대.

 하하. 기차를 타고 세계의 다양한 빵을 맛보니 빵력이 가득 충전된 것 같군요.

 사장님, 제가 야심차게 준비한 빵 투어, 만족스러우시죠?

빵빵 기차가 지나간 곳

프랑스
갈레트 데 루아

포르투갈
파스텔 드 나타

체코
트르들로

5일차
따끈 베이커리

오늘의 투어는 원데이 클래스!
따끈 베이커리에서 일일 제빵사, 제과사가 되어
베이킹을 체험해 보도록 해요!

🚩 빵력 충전 미션!
나만의 빵 만들어 보기

오늘은 저와 함께 따끈 베이커리에서 빵과 과자를 만들어 볼 거예요. 어떤 빵과 과자를 만들어 보고 싶나요?

오, 저는 달콤한 초콜릿을 가득 넣고 싶군요!

사장님은 손님이 아니라고요!

빵 만드는 사람을 **파티시에**, 케이크와 파이 등
과자를 만드는 사람을 **블랑제**라고 해. 우리말로 하면
제빵사, 제과사라고 하지.

제과 제빵사의 하루는 무거운 밀가루 포대를 나르며 시작돼. 그리고
오늘 필요한 빵과 과자를 만들지. 빵을 만들 때는 엄청나게 집중해야 해.
정확하게 계량해서 반죽해야 맛있는 빵을 만들 수 있기 때문이야. 또
오븐에서 나오는 뜨거운 열기도 참아 내야 하지.
모든 재료가 나의 손을 거쳐야 맛있는 빵, 케이크, 파이,
과자로 탄생할 수 있어!
자, 이제 따끈 베이커리의 하루를 함께 들여다보자.

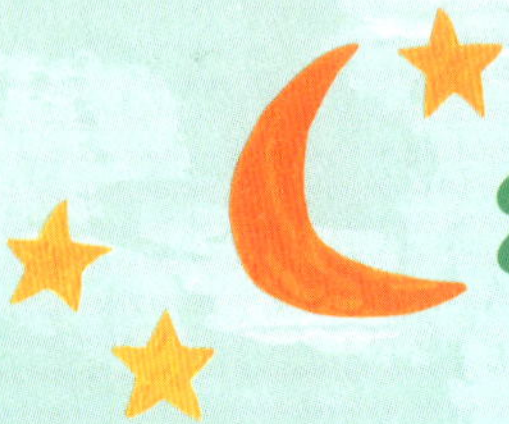

2. 반죽 작업장
조물조물 빵 반죽하기

하아암

째깍째깍, 따르릉!
따끈 베이커리의 하루가 시작됐어. 제과 제빵사의 하루는 모두가 잠든 시간인 새벽 5~6시에 시작해.

출근해서 맨 먼저 해야 하는 일은
빵 종류에 따라 재료를 나누는 거야.

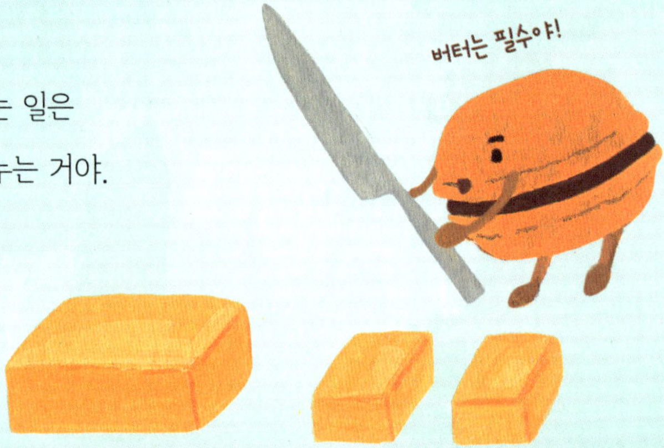

버터는 필수야!

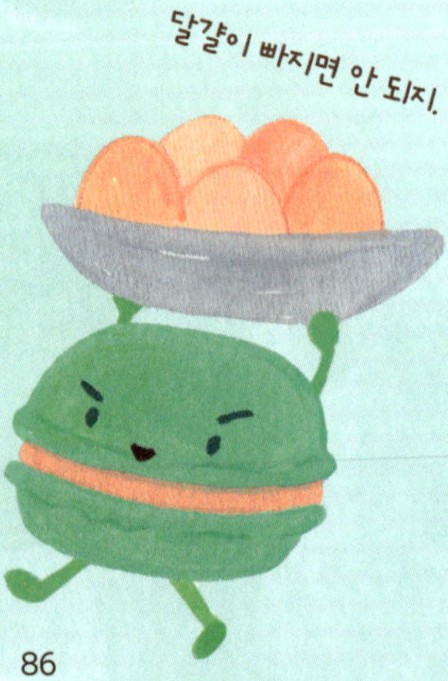

달걀이 빠지면 안 되지.

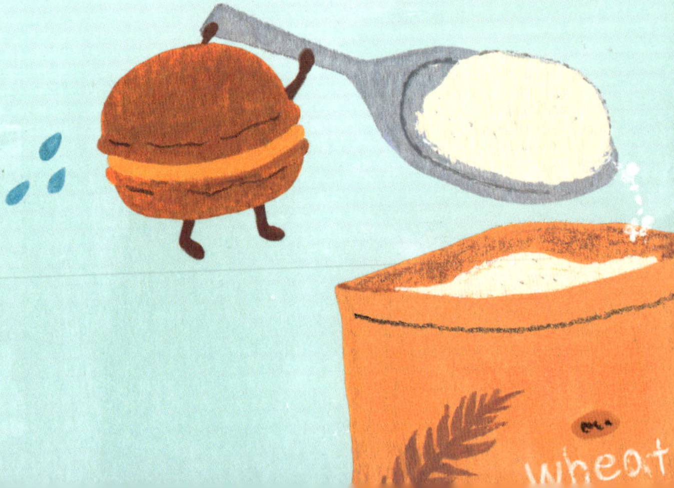

다음에는 도구를 이용해 정확하게 계량해 나누지. 재료의
양에 따라 맛이 달라지거든.

그다음 계량한 재료를 섞어 손이나 반죽기를 이용해 반죽을 완성해.

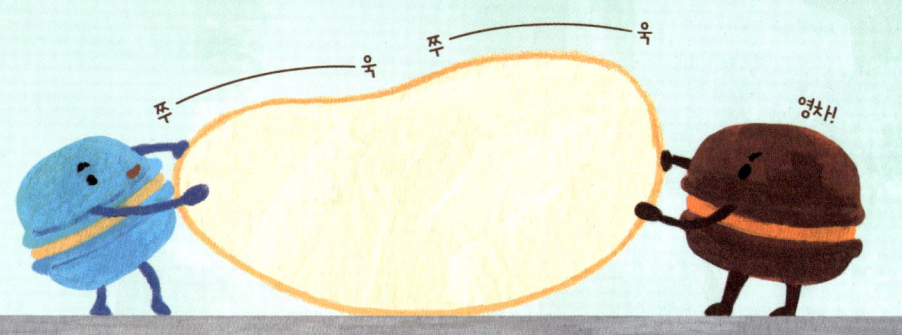

반죽이 완성되었으면
빵 종류에 따라 반죽을 발효시켜
모양을 만들거나 모양 틀에 부어.

3. 빵빵 연구소
신메뉴 개발하기

빵을 구웠다고 다 끝난 게 아니야. 손님에게 빵을 선보이기 전에 맛 테스트를 통과해야 해.

너무 달아.
별 세 개!

손에 초콜릿이 묻어서 불편해!
나는 별 두 개 반.

고소함과 달콤함을 다 잡았군!
별 다섯 개.

이번에 내가 개발한 빵이야.
이 빵의 이름은 '**초코초코 크루아상**'!
고소한 크루아상에 달콤한 초콜릿 옷을 입혔어. 그 위에 견과류까지 뿌리면 완성!

초콜릿 옷을 절반만 입혀 손에 묻지 않게 했어. 어때?

4. 따끈 베이커리에 오세요!
드디어 손님들에게 빵 개시!

테스트를 통과한 빵들은 매장에 진열되어 손님을 기다려. 빵 종류에 따라 특징이 잘 드러나도록 포장하고 장식하는 것도 제과 제빵사의 몫이지.

빵을 모두 구운 뒤 남은 재료를 잘 보관하고 오븐을 정리, 정돈하여 청결을 유지하는 것도 제과·제빵사가 꼭 해야 하는 일이야.

스페셜 빵 투어를 무사히 마친 다음 날 아침.
브레드 여행사에 빵 투어 문의가 빗발치기 시작했어요.

"따르르르릉."
"이번 주 스페셜 빵 투어는 예약이 마감되었습니다!"
"다음 주 스페셜 빵 투어 예약은 한 자리 남았어요."

벌써 이번 달 빵 투어가 마감되었어요.
브레드 사장과 브라운 직원은 당황했어요.
"설마 장난 전화는 아니겠죠?"

그때, 브라운에게 문자 메시지와 함께 동영상 링크가 도착했어요.
바로 어제 빵 투어를 함께 했던 이름 모를 손님이었지요.

그런데 이게 웬걸? 이름 모를 손님이 사실 힙합 유튜버 제이였던 거예요.
스페셜 빵 투어를 하면서 찍은 동영상을 브이로그로 올렸고,
단숨에 조회수가 10만 회나 되었어요!

제이 덕분에 브레드 여행사는 인기를 얻게 되었고
브레드와 브라운은 빵 먹을 틈 없이 바빠졌답니다.

누구나 쉽고 간단히 만들 수 있는 빵 레시피를 공개하겠어!

제이 티비 빵빵 레시피

오늘의 간식으로 만들어 봐.

재료

코코아 가루	4 숟가락
설탕	2.5 숟가락
박력분	2 숟가락
우유	2 숟가락
식용유	1 숟가락
달걀	1개
슈거 파우더	약간

만드는 법

① 종이컵이나 내열 컵에 계량한 코코아, 설탕, 박력분, 우유를 넣고 잘 섞는다.

❷ 식용유 한 스푼과 달걀을 넣어 반죽을 완성한다.

❸ 충분히 잘 섞은 반죽을 전자레인지에 넣어 2분 돌린다.

❹ 슈거 파우더를 위에 송송 뿌린다.

❺ 한 숟가락 떠 먹으면 입안에 달콤함이 한가득!

＊ 사진 저작권

52쪽 최후의 만찬_위키미디어 | 53쪽 빵 굽는 사람_위키미디어
54쪽 빵 굽는 여인_위키미디어 | 55쪽 아침 식사_위키미디어

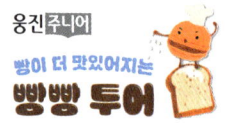

초판 1쇄 발행 2025년 3월 26일 | 글 김경오 | 그림 강영지

발행인 이봉주 | 편집장 안경숙 | 편집 최새롬, 정아름 | 디자인 송지연, 임정숙
마케팅 정지운, 박현아, 원숙영, 김지운, 황지영 | 제작 신홍섭

펴낸곳 (주)웅진씽크빅 | 주소 경기도 파주시 회동길 20 (우)10881
문의전화 031)956-7440(편집), 031)956-7569, 7570(마케팅)
홈페이지 www.wjjunior.co.kr | 블로그 blog.naver.com/wj_junior
트위터 @new_wjjr | 인스타그램 @woongjin_junior
출판신고 1980년 3월 29일 제406-2007-00046호 | 제조국 대한민국 | 사용연령 7세 이상

글 ⓒ 김경오, 2025 | 그림 ⓒ 강영지, 2025
저작권자와 맺은 특약에 따라 검인을 생략합니다.

웅진주니어는 (주)웅진씽크빅의 유아·아동·청소년 도서 브랜드입니다.
이 책은 저작권법에 따라 보호받는 저작물이므로 무단 전재와 무단 복제를 금지하며,
이 책 내용의 전부 또는 일부를 이용하려면 반드시 저작권자와 ㈜웅진씽크빅의 서면 동의를 받아야 합니다.

ISBN 978-89-01-29346-2 74000 · 978-89-01-24175-3(세트)

잘못 만들어진 책은 바꾸어 드립니다.
⚠주의 1. 책 모서리가 날카로워 다칠 수 있으니 사람을 향해 던지거나 떨어뜨리지 마십시오. 2. 보관 시 직사광선이나 습기 찬 곳은 피해 주십시오.